Chouette penser !

Directrice de collection :
Myriam Revault d'Allonnes

Gallimard Jeunesse/Giboulées
sous la direction de Colline Faure-Poirée

Édition : Annie Trassaert
Conception graphique & direction artistique :
Néjib Belhadj Kacem

Pierre Péju

Dessins de Stéphane Blanquet

LE MONSTRUEUX

GiBOULÉES
GALLIMARD JEUNESSE

SOMMAIRE

(*) : les mots et les noms de personnes suivis d'un astérisque sont expliqués dans la « Petite galerie du monstrueux » qui se trouve en fin d'ouvrage, p. 82.

Le normal et l'extraordinaire 8

Qu'est-ce que le monstrueux ? 15

Séduction du monstrueux 21

Le monstrueux : un signe des dieux ? 25

Séparation de l'homme et du monstrueux 30

Le héros destructeur de monstres et l'apprenti sorcier 39

Le monstrueux en nous-même et en l'autre 47

La monstruosité historique et politique 56

Le sommeil de la raison engendre des monstres 69

Index 80

Petite galerie du monstrueux 82

Elle est monstrueuse, **la bête du Gévaudan***, car il ne s'agit pas seulement d'un loup gigantesque mais du mélange de plusieurs animaux nocturnes et cruels. Elle est monstrueuse, **la créature du loch Ness***, ce poisson-dragon qui hante les eaux noires du lac écossais. Personne n'a jamais vu distinctement ces êtres terribles. Ce sont des rumeurs et des légendes qui créent et qui entretiennent leur monstruosité. L'impression de monstrueux est souvent produite par tout ce qu'on raconte sous l'effet de la peur. **Mais la notion de monstrueux nous aide pourtant à mieux comprendre ce qui est humain.**

Le normal et l'extraordinaire

Le plus souvent, dans notre vie quotidienne, tout nous semble normal. Le jour se lève, il pleut, je parle paisiblement avec mes proches, les passants passent, le chat ronronne, une brebis met bas un agneau bien conformé. Rien de monstrueux !

Normal, cela veut dire conforme à des normes fixées par les conventions ou par l'habitude, mais surtout conforme à ce que nous savons des lois de la physique (pesanteur, matière) et de la biologie (reproduction, apparence stable des espèces, fonctionnement des organes). Normal, cela veut dire aussi conforme aux règles de conduite établies par la société

Normes
Principes ou références qui règlent nos conduites.

Physique
Étude scientifique de la matière et de sa structure.

Biologie
Étude scientifique de ce qui est vivant.

Friedrich NIETZSCHE (1844-1900) : philosophe allemand.

QUI LUTTE AVEC DES MONSTRES DOIT VEILLER À NE PAS DEVENIR UN MONSTRE LUI-MÊME. ET SI TU REGARDES LONGUEMENT L'ABÎME, L'ABÎME FINIT PAR REGARDER EN TOI.

Friedrich Nietzsche

et par l'époque auxquelles nous appartenons.

L'enfant qui grandit fait des efforts pour devenir normal. À l'adolescence, on a parfois peur de ne pas être normal. Ou bien on joue à ne pas l'être. Pourtant, sans une certaine normalité, aucune vie sociale paisible et confiante ne serait possible, en raison du manque de repères.

Mais que se passerait-il si tout se détraquait ? Si soudain il pleuvait des crapauds ? Si la brebis donnait naissance à un agneau à deux têtes ou à cinq pattes ? Si le vieil homme que je rencontre avait une énorme tête et un minuscule corps d'enfant ?

Quand nous sommes stupéfaits face à une anomalie, nous nous écrions : **« C'est extraordinaire ! »**

Certains préfèrent dire **« c'est surnaturel »**, car ils croient à l'existence d'êtres ou de phénomènes capables d'échapper aux lois générales de la nature.

Lorsque l'extraordinaire devient terrifiant ou qu'il prend des proportions démesurées, nous proclamons : « Mais... **C'est monstrueux !** » Si la mer grossit jusqu'à atteindre la taille de plusieurs immeubles et ravage des milliers de kilomètres de côtes en noyant la population, on parle d'une « vague monstrueuse », car nous préférons imaginer la puissance invisible et malfaisante d'un monstre marin plutôt qu'un phénomène physique exceptionnel mais explicable.

Lorsque j'apprends que des hommes ont exterminé volontairement des centaines de milliers de leurs semblables, je qualifie leur action de monstrueuse, comme s'ils avaient agi à la manière de bêtes sauvages d'une espèce inconnue plutôt que comme des êtres humains.

Soudain, un homme ôte le voile qui le dissimulait et nous présente une tête couverte de plis et d'excroissances dont le volume est trois fois celui d'une tête « normale ». Certains vont le baptiser **Elephant Man***. Cette façon de juxtaposer un nom d'animal et le mot « homme » suffit à indiquer qu'un individu est « monstrueux », comme lorsqu'on parle d'« enfant-loup » ou de « femme-poisson ».

Le croisement entre plusieurs espèces, les scientifiques l'appellent « **hybridation** ». L'impression de monstruosité est souvent due à une hybridation inattendue ou purement imaginaire.

Hybridation
Opération de croisement entre deux individus d'espèces différentes.

Qu'est-ce que le monstrueux ?

Le mot «monstrueux» désigne **des phénomènes ou des êtres qui me terrifient par leur démesure ou par leur différence.** Dire « c'est monstrueux ! », c'est donc porter un jugement dicté par l'effroi et le désarroi. **Le monstrueux, c'est l'incroyable qui me scandalise.** Même si nous pensons que les monstres n'existent pas et qu'ils appartiennent à de vieilles croyances, **il subsiste, au fond de nous, une tendance à craindre mais aussi à désirer le monstrueux.** C'est ce mélange d'attirance et de dégoût qui produit notre angoisse. Le monstrueux nous fascine, comme la fameuse tête de Méduse*, cette Gorgone* aux

Angoisse
Sensation de serrement et sentiment d'oppression sans cause apparente.

cheveux emmêlés de serpents vivants dont le regard paralysait ceux qui la regardaient en face. Confrontés au monstrueux, nous sommes « médusés ».

Le mot « monstrueux », apparu en français au début du XIIe siècle, vient d'un mot latin, *monstrum*, (monstre), qui signifiait « ce qui attire », « ce qui fascine », mais aussi « ce qu'il faut montrer ». D'abord, le terme « monstrueux » a qualifié les prodiges ou les miracles, puis les choses inimaginables ou contrefaites. On l'a appliqué à des êtres humains pour dire que leur humanité était incertaine, qu'ils étaient croisés avec une autre espèce, qu'ils portaient la marque du divin ou qu'en les concevant la nature avait eu un malheureux accident !

Il y a même eu, dans les foires et les cirques, des « montreurs de monstres », faisant payer pour voir une **femme à barbe*** ou des **lilliputiens***.

Castrat
Individu mâle qui a été châtré afin qu'il garde une voix aiguë d'enfant.

À certaines époques, on a dit des géants, des nains, des castrats, des enfants nés avec une malformation ou des fous qu'ils étaient monstrueux. On l'a dit aussi des femmes qui faisaient peur en raison de leurs savoirs secrets concernant le corps ou les drogues. On les appelait des sorcières*. On les représentait avec des doigts

crochus, des becs, et le pouvoir de voler comme des chouettes. Pour se protéger de leur monstruosité, on les brûlait ! On a même qualifié de monstrueux les lépreux ou les malades de la peste. Les chrétiens ont employé ce terme à propos des païens ou des incroyants.

Très pratique mais trop vague, le mot « monstrueux » nous permet de repousser tout ce dont la différence ou l'immensité nous horrifie. Pourtant, dire « c'est monstrueux » ne fournit jamais une explication sérieuse. Cela consiste seulement à poser que les êtres effrayants ne relèvent pas du même monde que nous.

La philosophie ne peut donc se satisfaire de ce qualificatif. **La philosophie, qui se fonde sur la faculté de l'homme à penser par**

lui-même et sur le désir de comprendre, cherche forcément à dissiper l'impression de monstruosité. Elle refuse l'existence des monstres, dans lesquels elle voit une illusion produite par la crainte et l'étonnement.

Étonnement
Émotion due à la perception d'un phénomène très inhabituel.

Séduction du monstrueux

Les êtres que nous jugeons monstrueux paraissent incarner un affreux désordre. Ils semblent avoir surgi du grand mélange originel que les Grecs appelaient Chaos, cet état des choses qui précède le moment où le monde se met peu à peu en ordre pour former un « univers » (le cosmos des Grecs). Si le monstrueux nous fait peur, c'est justement parce qu'il nous rappelle ce moment de confusion où il n'y a encore ni espèces animales, ni espèce humaine, ni individus, mais un terrible grouillement pâteux d'éléments et de forces.

Aujourd'hui, grâce aux explications scientifiques mais surtout à l'usage de notre raison, nous résistons à l'horreur comme à la séduction du monstrueux. Nous évitons de traiter de monstres certains êtres vivants étranges, ou bien les phénomènes que nos ancêtres se plaisaient à voir comme des prodiges, des manifestations divines, des puissances diaboliques ou comme la folie d'une nature traitée en véritable personne. Nous préférons parler de pathologies, ou d'accidents biologiques. Nous savons désormais qu'il suffit de modifier un seul de ses gènes pour que l'apparence d'un animal soit totalement transformée. **Des philosophes et des médecins ont montré qu'il n'y a pas de rupture entre ce qui semble « sain », normal, et ce qui paraît perturbé, malade ou anormal. Ce sont les mêmes lois**

Pathologie
Maladie ; détérioration des fonctions naturelles.

Gène
Élément de l'ADN qui contrôle un petit caractère héréditaire, telle la couleur des yeux.

Fortunio LICETI (1577-1657) : scientifique italien.

J'APPELLE DONC MONSTRE [...], LES ANIMAUX (ET PARTICULIÈREMENT CEUX QUI TIENNENT QUELQUE CHOSE DE L'HOMME) DONT LA DISPOSITION ET L'ARRANGEMENT DES MEMBRES EST EXTRAORDINAIRE, QUI SONT DIFFÉRENTS DE CEUX QUI LES ONT ENGENDRÉS, ET QU'ON VOIT NAÎTRE RAREMENT.

Fortunio Liceti

naturelles qui produisent ce qui est régulier et ce qui est exceptionnel. La monstruosité, même très spectaculaire, comme ces enfants nés avec un seul corps et deux têtes, est donc toujours explicable. Lorsque l'anormal prend des proportions bouleversantes, nous ne devons pas perdre de vue que nos normes sont relatives. Des mécanismes normaux peuvent aboutir à des effets anormaux à partir de variations minuscules.

Le monstrueux : un signe des dieux ?

Pendant très longtemps, les hommes ont vécu comme si, autour d'eux, le monstrueux risquait de se manifester à tout moment. Ils voulaient y voir des signes venus de l'au-delà, annonçant de bonnes ou de mauvaises nouvelles. Signes des dieux, signes du destin ou de puissances obscures.

La Bible, par exemple, est un grand livre plein de monstres. On pense bien sûr au **serpent dans le jardin d'Éden***, très sournois et capable de parler, qui pousse Ève à désobéir à Dieu. On pense à **la Bête décrite dans l'Apocalypse*** de saint Jean, avec ses dix cornes et ses sept têtes. On pense aussi au

L'au-delà
Lieu imaginaire, sans lien direct avec le monde que nous connaissons par expérience.

Destin
L'ensemble des événements qui, selon certaines croyances, seraient irrévocablement fixés.

Léviathan*, ce redoutable monstre marin capable de tout dévorer. **Dans la Bible, les monstres sont souvent associés au désordre, mais surtout au mal. Ils symbolisent l'opposition à Dieu.** Les hommes en général, et plus particulièrement les saints, sont invités à les détruire ! L'évocation biblique du monstrueux permet de présenter aux croyants, de façon imagée mais très simple, l'affrontement inévitable du bien et du mal.

Pour les Égyptiens antiques, le monstrueux n'était pas aussi négatif. On peut même dire, à l'inverse, que **la difformité était un signe divin**. Un bossu, un nain, un homme contrefait, un individu bizarre ou un fou étaient considérés avec attention et un mélange de respect et de crainte superstitieuse, comme si, à travers ces êtres extraordinaires, les dieux voulaient faire passer un message. On connaît bien des divinités comme Anubis, au corps d'homme et à la tête de chacal, ou Thot, avec son bec d'ibis. Mais il y avait un génie égyptien particulièrement monstrueux qui s'appelait Bès : c'était un affreux nain au ventre gonflé et au visage grimaçant. Pourtant, on le vénérait et on le représentait partout. On peut même dire qu'on l'aimait. Plus il était grotesque, plus on estimait que son pouvoir protecteur sur les femmes enceintes, les enfants et les maisons était grand ! Le plus étonnant, c'est que sa monstruosité rassurait.

Le monstre le plus connu de la mythologie égyptienne était

Anubis
Dieu égyptien à tête de chacal qui conduit les morts dans l'autre monde.

Thot
Divinité égyptienne à tête d'ibis, qui représente la sagesse et l'écriture.

Bès
Génie égyptien difforme ; il préside aux accouchements.

le Sphinx*, sorte de félin sauvage d'une grandeur anormale, avec une tête d'homme au regard énigmatique. Couché, pattes en avant, il était censé garder les morts et les tombeaux. **On peut dire qu'en Égypte antique l'humain et l'inhumain n'étaient pas encore différenciés.** Il n'y avait pas non plus de distinction entre les explications rationnelles et les histoires fabuleuses, entre les morts et les vivants. Dans ces conditions, les monstres pouvaient pulluler. **Tout était à la fois monstrueux et... normal !**

Séparation de l'homme et du monstrueux

Pour les Grecs de l'Antiquité, l'humain, avec l'apparence et les qualités que nous lui connaissons, n'a pas été créé au commencement des temps, loin de là. Selon eux, à l'origine du monde, il n'y avait que des êtres monstrueux qui s'arrachaient péniblement au chaos, comme Gaïa (la Terre) et Ouranos (le Ciel), engendrant aussitôt de nouveaux monstres tels les Titans* ou les Cyclopes*, avec leur œil au milieu du front.

Le Titan Cronos, fils de Gaïa et d'Ouranos, se livra à une première monstruosité. Comme son père, toujours plein de fureur, enfouissait ses enfants dans le ventre de Gaïa dès leur naissance, Cronos le châtra

Châtrer
Pratiquer l'ablation des glandes génitales d'un individu mâle.

à l'aide d'une serpe. Il devint lui-même encore plus monstrueux que son père, dévorant ses propres enfants au fur et à mesure que son épouse, la Titane Rhéa, les mettait au monde. Son propre fils fut obligé de lui ouvrir le ventre pour délivrer ses frères et sœurs... Que de monstruosités ! Mais ce fils éventreur et libérateur s'appelait Zeus. Lui et ses frères et sœurs n'étaient plus des monstres mais des dieux : on les appelait les Olympiens. Ils n'allaient pas tarder à livrer un combat terrible aux monstres qui les avaient précédés : les Géants et les Titans ! Il faut dire que **pour les Grecs de l'Antiquité, les humains sont des créatures tardives qui n'apparaissent que progressivement en s'arrachant à l'inhumain et en luttant contre le monstrueux.**

Les Olympiens
Les dieux de la Grèce ancienne, qui habitaient le mont Olympe.

Pourtant, le monstrueux grec n'est pas le contraire de l'humain ; ce n'est pas non plus le mal, comme dans la Bible : pour les Grecs de l'Antiquité, le monstrueux est ce dont les humains sont sortis et qui subsistera toujours un peu en eux. On peut donc parler d'**une familiarité des Grecs avec le monstrueux mais aussi d'un effort grec pour tenir le monstrueux à distance.** Alors qu'ils disposaient d'une mythologie grouillante de créatures imaginaires, les Grecs ont aussi inventé la philosophie, qui s'applique à réfléchir sur le monde sans se servir d'explications fabuleuses ou monstrueuses. La philosophie met en garde contre toutes les déformations du réel qui peuvent sortir de notre imagination et de notre

JE PUIS BIEN CONCEVOIR UN HOMME SANS MAINS, PIEDS, TÊTE (CAR CE N'EST QUE L'EXPÉRIENCE QUI NOUS APPREND QUE LA TÊTE EST PLUS NÉCESSAIRE QUE LES PIEDS). MAIS JE NE PUIS CONCEVOIR UN HOMME SANS PENSÉE : CE SERAIT UNE PIERRE OU UNE BRUTE.

Blaise Pascal

sensibilité. **Pour elle, le monstrueux n'est qu'une illusion particulièrement impressionnante.** La philosophie, c'est aussi la recherche d'une « sagesse », c'est-à-dire d'une pensée raisonnable et d'une conduite mesurée, c'est-à-dire le contraire de pensées ou de conduites monstrueuses. Mais peut-être fallait-il aussi **que la philosophie parvienne à comprendre clairement la différence entre l'homme et le monstre pour définir la nature de l'être humain.**

Ce qui fait l'originalité de la culture chrétienne, à la différence des cultures grecque ou égyptienne, c'est qu'elle ne propose pas aux hommes de croire en des dieux nombreux et souvent monstrueux, mais en un dieu unique

Blaise PASCAL (1623-1662) : mathématicien, physicien et philosophe français.

que l'on dit « bon » parce qu'il pardonne aux humains leurs péchés et le péché originel. Ce dieu prend même, pour se révéler, une apparence complètement humaine en la personne de son fils Jésus. Sur les images naïves des livres chrétiens, Dieu le Père est parfois représenté comme un vieillard, sage, bienveillant, rassurant, qui n'a rien de monstrueux.

Le péché originel
La faute commise par Adam et Ève, qui ont mangé le fruit défendu et ont été chassés du paradis.

Le monstrueux, pour les chrétiens, c'est plutôt ce qu'ils nomment le péché, c'est-à-dire la désobéissance aux interdits divins. Ce monstrueux va prendre les traits inquiétants d'un vrai monstre : le Diable*.

Il est peu question du Diable dans la Bible, mais au Moyen Âge on se met à en parler beaucoup et à en avoir très peur, car le Diable est

une sorte de concentré de toutes les méchancetés et perfidies. Il n'est pas étonnant que les moines enlumineurs l'aient dessiné sous les traits d'un monstre, en s'inspirant d'un dieu hybride de l'Antiquité, Dionysos, qui avait un corps de bouc et une tête humaine mais pourvue de cornes. Le Diable a la faculté de cracher du feu comme les dragons et d'être partout à la fois. Il est aussi très sexualisé, **car le monstrueux par excellence, pour les chrétiens, c'est ce qu'ils appellent « la chair » et que nous appellerions aujourd'hui le « désir sexuel »**. Il faudra, dans notre civilisation, attendre le XXe siècle pour que la vie sexuelle des hommes et des femmes, sous ses formes les plus diverses et les plus spontanées, ne soit plus diabolisée.

Dionysos
Dieu grec du vin et de l'ivresse, fils de Zeus et de Sémélé.

Le héros destructeur de monstres et l'apprenti sorcier

Les Grecs étaient tellement friands de monstres pour exprimer ce qu'il y a de plus énigmatique en l'homme qu'ils se sont emparés du Sphinx des Égyptiens. Ils parlent alors plutôt d'une Sphinge*. Elle ne protège plus les tombeaux mais elle sème la mort en posant aux voyageurs des questions formulées bizarrement, les énigmes. Ceux qui ne peuvent pas répondre, elle les dévore tout crus. Cette sphinge terrifiante, le jeune Œdipe la rencontre sur la route de Thèbes. En faisant justement appel à sa faculté humaine de réfléchir, il parvient à donner la bonne réponse. Alors, le monstre se

Énigme
Problème dont l'énoncé est formulé en termes mystérieux.

Œdipe
Fils de Laïos, roi de Thèbes, et de Jocaste. Selon le mythe, il tue son père et épouse sa mère.

précipite du haut d'un rocher et disparaît pour toujours.

On peut dire qu'Œdipe est un héros, car il délivre une ville et ses environs. En tuant un monstre au moyen de sa seule intelligence humaine et d'un raisonnement juste, il vient à bout de la peur du monstrueux.

Œdipe, dans cet épisode, devient **le symbole de la lutte entre l'humain et l'inhumain, puis de la séparation de l'humain et de l'inhumain**. Dès lors, c'est la forme humaine qui s'impose comme étant normale, et les comportements cruels et criminels des premières créatures semblent de folles aberrations. Ce qui passe pour normal, à présent, c'est la pensée claire et distincte. **On peut alors commencer à dire « c'est**

monstrueux » dans le sens de : c'est inhumain.

Le contraire du héros destructeur de monstres peut être appelé l'« apprenti sorcier ». C'est un homme qui ne se contente pas de son statut d'homme et veut imiter Dieu et sa toute-puissance, ou fabriquer artificiellement des créatures comme le Golem*, que la légende présente comme un monstre que son créateur humain ne peut plus empêcher de grandir et qui devient... démesuré ! Et donc destructeur.

C'est la même chose que fait le docteur Victor Frankenstein*, ce personnage de la romancière anglaise Mary Shelley, en fabriquant un être vivant à partir de morceaux de cadavres. Sa créature finit par lui échapper, sème le

Mary SHELLEY (1797-1851) : romancière anglaise, auteur de *Frankenstein*.

malheur et devient malheureuse.

Le Golem et la créature de Frankenstein sont tous deux monstrueux car ils sont faits de bric et de broc, avec des organes humains, des éléments mécaniques, de la glaise, par quelqu'un qui ne respecte aucune limite.

Mais ces êtres nous permettent aussi de réfléchir à **un autre désir de l'homme qui est particulièrement puissant : le désir de se créer soi-même ou d'agir sur sa propre nature.**

C'est un problème très compliqué ! Doit-on dire, aujourd'hui, que les pouvoirs de la médecine, comme ceux de Frankenstein, sont devenus monstrueux puisque nous pouvons fabriquer des bébés à l'aide d'un utérus artificiel ou modifier les caractéristiques génétiques des individus ? Par une manipulation génétique, on a fait naître une souris avec les oreilles au milieu du dos. Doit-on dire au contraire que l'homme étant un « être qui se pense » (c'est-à-dire qui réfléchit à sa propre nature), il est légitime qu'il se « repense » ou se « réinvente » sans cesse, à condition qu'il soit responsable des modifications qu'il se fait subir ?

Doit-on avoir peur des mutants ou au contraire se demander si certaines mutations ne peuvent pas apporter un mieux-être à l'humanité ? Doit-on dire que c'est la science qui est devenue monstrueuse puisqu'elle a désormais les moyens de détruire le monde et donc de produire, avec une explosion nucléaire, le retour à un

Mutants
Êtres vivants qui présentent de nouveaux caractères par rapport à leurs ascendants.

chaos non plus originel mais « terminal », **comme si le Golem de la technique avait grandi, grandi et qu'on ne sache plus l'arrêter ?**

L'homme doit être conscient qu'il est capable de fabriquer des monstres. Il ne doit pas en avoir peur mais décider raisonnablement quels êtres nouveaux il veut créer. La raison commande sans doute de se méfier de la démesure et donc du monstrueux, mais **le scientifique ne devient un apprenti sorcier ou un savant fou que lorsqu'il confond la science et la toute-puissance, ou qu'il laisse la technique se développer sans contrôle.**

Certaines monstruosités techniques ou biologiques ont aussi des applications très positives, au service de la santé, du mieux-être.

En un sens, la greffe du cœur d'un individu sur le corps d'un autre individu est une monstruosité, mais elle sauve une vie.

C'est pourquoi il est sans doute important de ne pas nous débarrasser totalement du monstrueux en le diabolisant. Il faut, au contraire, le regarder en face, afin de l'évaluer et peut-être de l'humaniser.

Le monstrueux en nous-même et en l'autre

Le monstrueux, ce n'est pas le « tout autre », mais une part de nous-même, à la fois originelle et permanente. Les enfants comprennent cela intuitivement lorsque les pires des monstres imaginés dans les contes les font rire. Ce qui est monstrueux leur permet de **jouer à avoir peur**. Mais les enfants ont aussi d'étonnantes sympathies pour les monstres, qualifiant certains d'entre eux de « gentils », comme le personnage de **Casimir***. Ils aiment reconnaître chez les monstres la difformité ou l'animalité qu'ils sentent aussi en eux-mêmes. **L'idée du monstrueux et l'énormité du monstre viennent satisfaire**

POUR N'ÊTRE PAS UN MONSTRE, IL FAUT ÊTRE SEMBLABLE À SES SEMBLABLES, ÊTRE CONFORME À L'ESPÈCE, OU ENCORE ÊTRE À L'IMAGE DE SES PARENTS. OU ALORS AVOIR UNE PROGÉNITURE QUI FAIT DE VOUS DÈS LORS LE PREMIER CHAÎNON D'UNE ESPÈCE NOUVELLE. CAR LES MONSTRES NE SE REPRODUISENT PAS.

Michel Tournier

un fantasme de toute-puissance.

Ce que les enfants apprécient particulièrement, c'est que les monstres soient des êtres à côté desquels les adultes, et même leurs parents, paraissent faibles et « petits » !

Mais la présence du monstrueux en soi-même peut aussi inquiéter. À certains moments de la vie, il arrive qu'on se sente ou qu'on se croie tellement différent des autres

Michel TOURNIER
écrivain français contemporain.

qu'**on finit par se demander si l'on est bien normal, bref, si l'on n'est pas un peu… monstrueux !** On souffre beaucoup car on se trouve trop gros, trop laid, trop maigre, ou sexuellement différent. On est profondément malheureux, comme la créature de Frankenstein qui pleure et se lamente. On a l'impression de ne pas être compris par sa propre famille ni même par ses amis. **On s'imagine alors qu'on appartient à une espèce inconnue, qu'on est repoussant comme un monstre.**

L'écrivain tchèque Franz Kafka a écrit une nouvelle intitulée *La Métamorphose*, dans laquelle un jeune homme nommé Grégoire se réveille un matin transformé en cancrelat. Il est dans son lit, sur le

Franz KAFKA (1883-1924) : écrivain tchèque d'expression allemande, auteur de *La Métamorphose*.

Cancrelat Insecte malodorant également appelé « blatte ».

dos, mais il a une carapace et de petites pattes d'insecte. Ce n'est pas un cauchemar, et toute sa famille va bientôt découvrir que ce garçon est une dégoûtante vermine.

La métamorphose (c'est-à-dire le fait de se transformer en autre chose) est un aspect important du monstrueux qui suppose toujours qu'il n'y a pas de formes fixes, pas de limites entre les espèces, entre l'homme et l'animal, entre l'humain et le divin, mais que tout est mouvant et perméable. Le risque qu'un être se transforme ou s'éveille avec une autre apparence est une cause d'angoisse.

L'immense succès de la nouvelle de Kafka vient de ce qu'elle évoque aussi la façon dont **beaucoup de gens** se comportent : les parents et la sœur de Grégoire **ont tendance à traiter comme des monstres les individus qu'ils ne comprennent pas ou dont le comportement les met mal à l'aise.** C'est une manière facile mais brutale de refuser l'humanité à un être dont la conduite est surprenante en l'assimilant à un animal nuisible. Lorsque ce comportement s'adresse à des étrangers ou des cultures lointaines, cela peut devenir du racisme.

Chaque peuple est persuadé que ses propres normes sont les meilleures, et il **a tendance à trouver que les autres peuples ont des habitudes monstrueuses.** Les plats cuisinés dont on n'a pas l'habitude, les coutumes consistant à se tatouer le corps, les façons qu'ont les autres de manier des outils ou même de bouger ou de parler, on les trouve facilement monstrueux. Surtout si on les considère sans sortir de chez soi.

N'oublions pas que le mot « barbare », créé par les Grecs, désignait les « étrangers » dont la langue était assimilée à un langage animal. « Barbare », cela revenait à dire : ceux qui parlent en faisant ba-ba-ba..., comme s'ils étaient des bêtes à l'apparence humaine.

On comprend alors que **cette tendance à voir du monstrueux dans tout ce qui n'est pas soi-même est très répandue chez les hommes, à toutes les époques.**

En se laissant aller à la peur des monstres, on se rassure sur sa propre identité. **On se réjouit à bon compte de sa prétendue normalité.**

La monstruosité historique et politique

Aujourd'hui, nous donnons le plus souvent à l'adjectif « monstrueux » une signification morale, surtout lorsque le mal que certains individus ont commis dépasse tout ce qu'on peut imaginer et tout ce qu'on peut admettre.

Le monstrueux, c'est le crime tellement énorme ou tellement pervers qu'on ne peut plus se le représenter ou même y penser.

Un bourreau qui torture et se livre froidement à des exécutions, un criminel de guerre, une armée ou des milices qui commettent un génocide, un « tueur en série » qui assassine pour le plaisir sont dits « monstrueux ».

Certains actes, dont les auteurs

Pervers
Se dit d'un acte qui révèle, chez son auteur, un plaisir secret aux conduites déviantes ou détournées.

Crime de guerre
Violation des lois de la guerre fixées par les conventions internationales.

Génocide
Extermination systématique d'une population pour des raisons « ethniques ».

sont pourtant des êtres humains, atteignent un tel degré d'horreur que seul le mot « monstrueux » nous vient aux lèvres. Au cours de l'histoire, ce sont les pouvoirs immenses concentrés dans les mains de quelques hommes, d'un tyran ou d'un État, mais surtout **certaines idées monstrueuses** qui **ont été à l'origine de massacres et de souffrances abominables.** Il y a des convictions religieuses ou politiques qui, lorsqu'on veut les appliquer de façon systématique, font des milliers voire des millions de victimes. Il suffit qu'une opinion devienne un « fanatisme », c'est-à-dire que son auteur estime que personne n'a le droit de penser de façon différente, pour que très vite le meurtre à plus ou moins grande échelle remplace toute discussion. C'est le cas des extrémismes politiques et de tous les intégrismes religieux. C'est pourquoi **les guerres de Religion ont donné lieu, dans le passé, à des monstruosités commises au nom de Dieu.**

Le XXe siècle a sans doute vu se développer les plus grandes monstruosités politiques de l'histoire. Il a vraiment commencé par la grande guerre de 1914-1918 qui a occasionné la mort de millions de personnes dans des conditions abominables. Toute guerre, dès qu'elle est déclarée, devient vite monstrueuse. **On parle donc de monstruosité lorsque la vie humaine n'a plus aucune valeur face à un système politique ou à un ordre impersonnel.**

Mais la monstruosité du XXe siècle

ne faisait que commencer. **Les millions de Juifs que le régime nazi a systématiquement fait gazer et brûler ont été massacrés pour la seule raison que le racisme hitlérien avait décidé qu'ils incarnaient le mal.** Cette extermination, à laquelle certains ont cherché des noms rares ou exceptionnels empruntés à la religion (Holocauste, Shoah), est monstrueuse parce qu'elle dépasse par le nombre, mais surtout par l'organisation industrielle mise en place, tout ce que nous pouvons aujourd'hui encore nous représenter. Jamais des hommes n'avaient à ce point montré leurs dispositions inhumaines, peut-être parce que pour la première fois dans l'histoire la folie criminelle pouvait se servir de techniques modernes

Holocauste
Sacrifice religieux consistant à détruire des victimes par le feu.

Shoah
En hébreu : « catastrophe ». Désigne l'extermination des deux tiers des Juifs d'Europe par l'Allemagne nazie.

pour être plus massive.

Le monstrueux, c'est l'inhumanité de l'homme qui, dès qu'elle se concrétise, **se met à grandir sans limites.**

Mais le monstrueux, c'est surtout ce qui dépasse, en horreur, notre faculté de représentation.

De ce point de vue, on s'aperçoit que le mot « monstrueux », employé dans un sens éthique, est plus efficace que le mot « monstre ». En effet, on ne peut évoquer l'extermination organisée par les nazis en se contentant de proclamer que Hitler était un monstre ayant fanatisé et entraîné tout un pays. Il faut au contraire **chercher de quelle façon la monstruosité peut exister à l'état de larve, et comment elle se développe dans les groupes, les**

Éthique
Recherche des principes qui permettent de réguler de façon positive les conduites humaines.

IL Y A AUSSI LES MONSTRUOSITÉS ET LES DIFFICULTÉS DANS LA CROISSANCE, QUI PROVIENNENT DE CE QUE CERTAINES PARTIES, À CAUSE DE DÉFICIENCES OU D'OBSTACLES, SE FORMENT D'UNE MANIÈRE TOUT À FAIT NOUVELLE AFIN DE CONSERVER CE QUI EXISTE, ET PRODUISENT AINSI UNE CRÉATURE ANORMALE.

Emmanuel Kant

foules, lorsque nos pires penchants sont favorisés par l'anonymat.

La monstruosité du nazisme, c'était la croyance délirante en la supériorité d'une race (terme qui ne veut pas dire grand-chose, comme l'atteste la science génétique contemporaine) et le projet d'anéantir les Juifs sous le pretexte qu'ils incarnaient le mal. C'est lorsqu'une telle croyance se développe, par contagion, chez des milliers de personnes, et qu'elle se manifeste à travers des actes mauvais, présentés comme nécessaires ou ordinaires, qu'on voit apparaître un système meurtrier qui épouvante par sa puissance et que rien ne peut arrêter. Un Léviathan plus un Golem !

Les monstruosités du XXe siècle ont eu bien d'autres apparences

Emmanuel KANT (1724-1804) : philosophe allemand.

effrayantes : le régime de Staline en URSS ou celui de Mao en Chine ont comporté des atrocités d'un raffinement mais surtout d'une énormité qui nous autorisent à les qualifier de monstrueux. Le colonialisme occidental a donné lieu à des traitements monstrueux des populations dominées (Africains, Asiatiques, Indiens des Amériques). De très nombreux régimes, autoritaires, totalitaires, sanguinaires ont vu le jour.

Parfois, ce sont les peuples eux-mêmes qui se sont mutuellement traités de façon monstrueuse, au nom de la race, de la nationalité, de l'appartenance culturelle ou religieuse.

Au cours d'une période plus récente sont apparus de nouveaux comportements monstrueux.

L'action terroriste à grande échelle qui consiste à précipiter, de sang-froid, des avions remplis de passagers contre des tours où travaillent des milliers de personnes est évidemment monstrueuse. Ce qui fait la monstruosité d'un attentat, ce n'est pas, chez son auteur, un mélange de bestialité et d'humanité, de cruauté et de croyance religieuse, mais plutôt **un mélange d'humanité et de mécanique.**

Car le terroriste s'est transformé (ou a été transformé par d'autres) en véritable « machine à tuer ». **Ce qui nous terrifie, ce n'est plus sa brutalité animale, c'est son incapacité à penser et à ressentir (au moins au moment où il tue).** Ce qui nous terrifie, c'est son absence de terreur face à la terreur qu'il veut répandre. **Comme la plupart des monstres, le terroriste est un « hybride », mais un hybride d'homme et de robot** et c'est en cela qu'il est particulièrement dangereux.

Le sommeil de la raison engendre des monstres

Difforme, colossal, excessif, horrible, le monstrueux est d'abord « épouvantable », c'est-à-dire cause d'une grande peur.

Comme nous l'avons vu, la philosophie ne peut que tenter d'éloigner ou de détruire le monstrueux, qu'il soit mental (folie) ou comportemental (cruauté, tyrannie, injustice). L'arme de la philosophie n'est pas l'épée dont se sert Persée pour trancher le cou de Méduse, mais la raison.

Si le héros est celui qui triomphe d'un monstre, l'**héroïsme de la philosophie devrait consister à tenir toujours la raison en éveil** afin d'éviter de tomber dans des

[*À PROPOS DE QUASIMODO**] TOUTE SA PERSONNE ÉTAIT UNE GRIMACE. UNE GROSSE TÊTE HÉRISSÉE DE CHEVEUX ROUX ; ENTRE LES DEUX ÉPAULES UNE BOSSE ÉNORME DONT LE CONTRECOUP SE FAISAIT SENTIR PAR-DEVANT ; UN SYSTÈME DE CUISSES ET DE JAMBES SI ÉTRANGEMENT FOURVOYÉES QU'ELLES NE POUVAIENT SE TOUCHER QUE PAR LES GENOUX, ET, VUES DE FACE, RESSEMBLAIENT À DEUX CROISSANTS DE FAUCILLES QUI SE REJOIGNENT PAR LA POIGNÉE.

Victor Hugo

illusions ou des passions qui sont susceptibles de donner naissance à la guerre ou au crime.

« Le sommeil de la raison engendre des monstres », dit-on. Cette phrase est aussi le titre d'une gravure du peintre espagnol Goya qui représente un homme endormi sur un livre tandis que des chimères, griffons ou chauves-souris, s'installent partout autour de lui.

Cela pose plusieurs questions :

Notre raison peut-elle ne jamais dormir ? Et donc pouvons-nous rester toujours rationnels et raisonnables ?

Notre raison n'a-t-elle pas besoin d'un peu de sommeil, de temps en temps, et même peut-être de rêves ?

En effet, même si cela engendre

Victor HUGO (1802-1885) : écrivain français.

quelques monstres, il est important de donner libre cours à notre imagination, afin d'inventer du nouveau et de découvrir de nouvelles façon de sentir. L'artiste, par exemple, ne doit avoir, lorsqu'il crée, aucune retenue rationnelle. Son œuvre semblera peut-être, dans un premier temps, « monstrueuse » parce qu'elle nous déroutera ou nous dérangera, mais tant que nos monstres ne sont qu'imaginaires, ils peuvent nous apporter une stimulation, ouvrir notre esprit à l'insolite.

Pourtant, **nos rêves ont été longtemps considérés par les penseurs comme des monstruosités de l'esprit** à cause de leur incohérence apparente, mais nous avons découvert qu'ils avaient une raison d'être et qu'ils exprimaient

un aspect caché de notre pensée qui, si nous n'en prenions pas conscience, risquait d'être néfaste.

La raison ne risque-t-elle pas, elle aussi, de produire des monstruosités ? Lorsqu'on s'efforce de tout rationaliser, et donc de tout faire fonctionner avec un contrôle rigoureux, et surtout lorsqu'on recherche l'efficacité à tout prix en éliminant la fantaisie, l'irrationnel, l'étrange, on peut dire que le rationnel n'est plus du tout raisonnable. **C'est alors la raison qui devient monstrueuse !**

Car tous les systèmes politiques qu'on a appelés « totalitaires », parce qu'ils voulaient installer leur ordre non seulement dans la société mais au fond de chaque conscience, se sont prétendus rationnels. Les dirigeants du régime nazi souhaitaient, par exemple, « rationaliser » le plus possible l'extermination.

Alors, s'il est vrai que des choses monstrueuses peuvent arriver quand notre capacité de réfléchir et de critiquer s'endort, il est aussi important de reconnaître et d'examiner le monstrueux parce qu'il ne sera jamais totalement éliminable.

L'inhumanité est un autre visage de l'humain lui-même.

Avec le monstrueux, il vaut parfois mieux ruser que raisonner. C'est ce qu'a fait Persée qui a eu l'astuce de regarder Méduse dans son bouclier brillant comme un miroir, pour ne pas avoir à affronter son regard paralysant.

On sait que l'Hydre* mons-

JE NE PEUX MÊME PAS DONNER L'OMBRE D'UNE IDÉE DE CE À QUOI RESSEMBLAIT CETTE CHOSE, CAR ELLE ÉTAIT UNE COMBINAISON HORRIBLE DE TOUT CE QUI EST DOUTEUX, INQUIÉTANT, IMPORTUN, ANORMAL ET DÉTESTABLE SUR CETTE TERRE. C'ÉTAIT LE REFLET VAMPIRIQUE* DE LA POURRITURE, DES TEMPS DISPARUS ET DE LA DÉSOLATION ; LE FANTASME, PUTRIDE ET GRAS D'ÉGOUTTURES, D'UNE RÉVÉLATION PERNICIEUSE DONT LA TERRE IMPITOYABLE AURAIT DÛ POUR TOUJOURS MASQUER L'APPARENCE NUE.

Howard Phillips Lovecraft

trueuse avait huit têtes mortelles et une tête immortelle. Hercule a tranché toutes ces têtes et a brûlé les cous sanglants pour qu'elles ne repoussent pas. Mais la tête immortelle du monstre, qu'il ne pouvait évidemment pas anéantir, il s'est contenté de l'enterrer et de mettre une grosse pierre dessus.

Cela veut dire qu'en dépit de la force et de la raison, en dépit de la ruse ou de l'intelligence du héros, le monstrueux en tant que principe du mal et cause de nos peurs peut toujours resurgir.

Bertolt Brecht disait en parlant du nazisme : « Il est encore fécond le ventre qui engendra la bête immonde. » **C'est pourquoi, en tant qu'êtres humains, nous devons rester vigilants face à toutes les créatures et face à toutes nos**

Howard Phillips LOVECRAFT (1890-1937) : écrivain américain.

Bertolt BRECHT (1898-1956) : poète et auteur dramatique allemand.

créations, qu'elles soient produites par notre imagination ou par nos angoisses, qu'elles soient terrifiantes ou merveilleuses.

Index

Cet index regroupe les noms propres et les mots dont le sens est expliqué dans les bulles de couleur placées en marge du texte. Les numéros renvoient aux pages.

angoisse : 15
Anubis : 27
au-delà, l' : 25
Bès : 27
biologie : 8
BRECHT, Bertolt : 77
cancrelat : 50
castrat : 18
châtrer : 30
crime de guerre : 56
destin : 25
Dionysos : 38
énigme : 39
éthique : 61
étonnement : 20
gène : 22
génocide : 56
Holocauste : 60
HUGO, Victor : 71
hybridation : 14
KAFKA, Franz : 50
KANT, Emmanuel : 63
LICETI, Fortunio : 22
LOVECRAFT, Howard Phillips : 77
mutants : 44
NIETZSCHE, Friedrich : 8
normes : 8
Œdipe : 39
Olympiens, les : 31
PASCAL, Blaise : 35
pathologie : 22
péché originel, le : 36
pervers : 56
physique : 8
SHELLEY, Mary : 41
Shoah : 60
Thot : 27
TOURNIER, Michel : 49

Petite galerie du monstrueux

la Bête de l'Apocalypse, p.25

(Bible, Apocalypse de saint Jean, Ier siècle)
Dans ce « livre des révélations », l'évangéliste nommé Jean de Patmos nous fait part de ses visions mystiques, parmi lesquelles de nombreux monstres et prodiges, symboles majeurs de la religion chrétienne. Au chapitre XIII, il nous parle d'une bête sortie de la mer et incarnant le mal spirituel et terrestre, autant dire le Diable. Elle possède sept têtes et dix cornes, pourvues de diadèmes, et blasphème contre Dieu. Elle tient du léopard, de l'ours et du lion.
Un dragon lui donne sa force. La Bête, combattue par les anges, sera vaincue, affirme l'évangéliste, par la foi et par Dieu.

la bête du Gévaudan, p. 7

(France, fin du XVIIIe siècle, entre juin 1764 et juin 1767)
Dans une campagne sauvage et boisée du centre de la France, un être mystérieux, mi-homme, mi-animal (loup ? chien sauvage ? hyène égarée ?), s'en prenait aux habitants, surtout aux bergères isolées et aux jeunes enfants, les laissant tête arrachée, vêtements en lambeaux et chair lacérée.

Casimir, p. 47

(télévision française)
Il existe aussi des « monstres gentils », comme Casimir dont plusieurs générations d'enfants ont suivi les aventures sur le petit écran. Il ressemble à un dinosaure rigolo et toujours de bonne humeur. Il est orange à pois rouges, mesure 1,90 m, pèse 150 kg. Il chante, danse, est gourmand et raffole d'un plat nommé « gloubi boulga ». Il vit dans l'« île aux enfants », un pays où règne, grâce à lui, la bonne humeur !

la créature du docteur Victor Frankenstein, p. 41

(personnage du roman de Mary Shelley *Frankenstein*, Angleterre, 1817)
Le docteur Frankenstein avait un projet fou : fabriquer un être humain de façon artificielle.
Il collecta des morceaux de cadavres qu'il assembla jusqu'à obtenir un corps complet et lui donna vie en y faisant passer un courant électrique. Sa créature, privée de parents, était naïve et

triste. Elle s'ennuyait. Elle souffrait surtout de sa monstruosité et du fait que tous l'évitaient. Frankenstein décida de lui confectionner une compagne. Mais il se ravisa, songeant que, s'il avait une femme, son monstre se reproduirait et envahirait la terre de sa lignée monstrueuse.

la créature du loch Ness,
voir **le monstre du loch Ness**

les Cyclopes, p. 30
(mythologie grecque)
Aux premiers temps du monde vivent des êtres terribles, tels les Titans ou les Géants, et parmi eux les Cyclopes, d'une taille prodigieuse, d'une force terrible, dotés d'un seul œil immense. Ils vivent dans des cavernes et s'adonnent à l'élevage, comme celui que rencontre Ulysse dans l'*Odyssée*, mais apprécient la chair humaine. Les Grecs distinguaient trois Cyclopes importants, dont les noms évoquaient l'éclair, le tonnerre et la foudre. Longtemps enchaînés, ils furent délivrés par Zeus qui avait besoin de leur puissance pour s'imposer. Les Cyclopes donnèrent à Zeus la foudre, à Hadès un casque qui le rendait invisible et à Poséidon un trident.

le Diable, p. 36
(Bible et tradition populaire)
Il peut paraître étonnant que les religions qui exigent la croyance en un seul dieu (comme la religion chrétienne) aient accordé autant de puissance à un être maléfique dont le seul but est de défaire et de détruire. Mais la figure du Diable, que l'on nomme aussi Satan, Lucifer, le Malin, le Démon, Méphistophélès ou l'Adversaire, correspond à une superstition populaire un peu naïve mais très forte que l'on retrouve dans de nombreuses cultures. Le mot grec *diabolos* signifie « ce qui sépare ou désunit », et désigne un personnage qui ne cherche qu'à pousser les humains à faire le mal et à blasphémer Dieu. On lui a parfois attribué une tête humaine, des cornes, des membres de bouc et une queue fourchue. Il est associé aux flammes de l'enfer, où il précipite ceux qu'il a soustraits à Dieu. On peut le concevoir comme un ange déchu qui se vengerait en tirant la création vers le désordre et la désolation, soit comme une image négative

exprimant des désirs humains honteux. La peur du Diable a été intense à certaines périodes du Moyen Age, et le pacte avec le Diable (le fait de lui vendre son âme en échange d'avantages et de plaisirs ici-bas) est un thème littéraire important.

le docteur Frankenstein, voir **la créature du docteur Frankenstein**

Elephant Man, p. 14
(Angleterre, XIXe siècle)
Né à Leicester en 1862, Joseph Merrick souffrait de malformations ayant causé d'abominables excroissances sur son corps. Ses lèvres pendaient comme une trompe, sa tête devint trois fois plus grosse qu'une tête normale. Il boitait. Il proposa à un directeur de théâtre de le présenter au public comme une curiosité sous le nom de l'« Homme Éléphant ».
Devenu une sorte de bête de cirque qui faisait frémir les femmes et rire les enfants, il fut toute sa vie très malheureux. D'une réelle sensibilité, et d'une grande gentillesse, il souffrait de n'inspirer que dégoût et horreur dès qu'il se montrait.

la femme à barbe, p. 17
C'est une particularité anatomique très rare, mais certaines femmes naissent avec un système pileux de mâle, parfois très dur et abondant.
Au XIXe siècle, certaines femmes dotées de barbe et de moustache furent montrées dans des cirques et présentées comme des curiosités vaguement monstrueuses. L'une d'elles, Julia Pastrana, une Mexicaine née en 1832, se présentait comme « la femme la plus laide du monde ».

le Golem, p. 41
(mythologie juive, Europe centrale)
On raconte qu'un rabbin de la ville de Prague nommé Loew était parvenu à rendre vivante une statue d'argile en inscrivant sur son front le mot hébreu *emeth*, qui signifie « vérité » et qui est le nom d'une des qualités de Dieu. L'humanoïde grandit démesurément et devint puissant et dangereux. Pour l'anéantir, il aurait suffi d'effacer la première lettre du mot magique afin qu'il ne reste plus que *meth* (« mort »).
Le rabbin employa la ruse. Il demanda au Golem de lacer sa chaussure. Celui-ci se baissa et le rabbin parvint à effacer

la lettre. Le monstre redevint d'argile, mais en s'effondrant il écrasa le rabbin sous son poids.

les Gorgones, p. 15

(mythologie grecque)
Selon les anciens Grecs, lorsqu'on approchait du royaume des morts, on rencontrait les êtres terrifiants qui en gardaient l'accès. Parmi eux, les Gorgones, trois monstres aux ailes d'or, à la gueule pourvue de défenses, aux mains de bronze, et dont la chevelure était un grouillement de serpents venimeux. Tout individu qui croisait leur regard était changé en pierre. La seule mortelle des trois, Méduse, fut tuée par Persée. Pour éviter son regard, il avança à reculons en se servant de son bouclier brillant comme d'un rétroviseur. Puis il lui trancha la tête. La déesse Athéna fut heureuse de l'acquérir. Elle la fixa sur son bouclier, de sorte que ses ennemis mouraient pétrifiés.

l'Hydre de Lerne, p. 75

(mythologie grecque ; marais du Péloponnèse)
Dans cette région de la Grèce, une bête nommée l'Hydre semait la terreur. Son corps était un affreux mélange de chien et de serpent, et, au bout de cous ondulants, elle possédait neuf têtes horribles dont l'une était immortelle. Chaque gueule exhalait une haleine empoisonnée. Un simple souffle tuait ! Ce monstre massacrait les troupeaux et brûlait les récoltes. Si on lui coupait une tête, il en repoussait deux à la place. C'est Hercule qui, protégé par sa peau de lion, coupa le plus possible de têtes, brûlant chaque cou pour empêcher les têtes de repousser. Ayant tranché la tête immortelle, qui était en or, il l'enterra.

le Léviathan, p. 26

(Bible, Ancien Testament, Livre de Job)
Léviathan, le « monstre des monstres », est le cataclysme par excellence. On le représente souvent comme une créature marine gigantesque, un être infernal proche de la baleine et du dragon. On décrit une grande gueule ouverte qui s'approche comme une vague extraordinaire, un tsunami diabolique. Certaines images en ont fait un serpent dont la queue provoque vagues et tempêtes. En 1651, dans un livre célèbre, le philosophe anglais Hobbes se sert de cette image

biblique pour faire comprendre sa conception de l'État : un pouvoir ni arbitraire ni despotique mais auquel tous les hommes doivent abandonner librement leur droit à se gouverner eux-mêmes.

les lilliputiens, p. 17
(personnages du roman de Jonathan Swift *Les Voyages de Gulliver*, 1726)
Au cours de ses voyages extraordinaires, Gulliver se réveille un jour à Lilliput, ligoté par de petits êtres qui ne mesurent pas plus de six pouces (environ 15 cm) de haut. Pour eux, il est un monstre effrayant, de même qu'au pays des géants il sera une poupée ridicule. Ce récit fantaisiste, censé, selon Swift, faire réfléchir à la politique en termes philosophiques, nous a légué l'adjectif « lilliputien », désignant les êtres de petite taille. Certaines personnes, qui restent, pour des raisons génétiques, très petites mais n'ont ni malformation ni difformité, sont appelées « lilliputiens ».

Méduse, voir **les Gorgones**

le monstre du loch Ness, p. 7
(Écosse, début du XXe siècle)
En mai 1933, des promeneurs affirmèrent avoir vu, à la surface du lac écossais nommé loch Ness, un animal énorme pourvu d'un long cou et d'immenses nageoires. Les curieux accoururent par milliers. Mais le mystère demeure, et aucune photo convaincante n'a jamais pu être prise...

Quasimodo, p. 70
(personnage du roman de Victor Hugo *Notre-Dame de Paris*, 1831)
Cet homme était chargé de sonner les cloches de la cathédrale. Bossu, borgne, sourd, difforme, il était également d'une grande délicatesse. Sa sensibilité, alliée à sa laideur repoussante, lui fit éprouver des peines d'amour.

le serpent dans le jardin d'Éden, p. 25
(Bible, Genèse)
Dans le jardin d'Éden, le serpent est un animal fourbe, un équivalent du Diable, qui, par des paroles sournoises et tentatrices, pousse Ève à désobéir à Dieu en l'incitant à cueillir puis à goûter le fruit de l'arbre de la connaissance. Dans la mythologie judéo-chrétienne, le

serpent est souvent représenté comme une sorte de dragon à pattes et à longue queue mais doué de la parole. Il est le principe du mal. Dieu le maudit et le condamne à ramper pour l'éternité sur le ventre et à manger de la poussière. Toute piété consiste à vaincre le serpent ou à lui résister.

les sorcières, p. 18

(tradition populaire)
La sorcellerie est exercée par des individus isolés (hommes ou femmes) qui, en dehors de tout cadre religieux, utilisent certains savoirs secrets ou magiques pour guérir, tuer, agir sur les choses ou les gens. Les sorciers sont accusés, entre autres, de jeter des sorts.
En Occident, la sorcellerie a souvent été associée aux femmes, peut-être parce que le pouvoir féminin (être attirante pour les hommes, porter et donner la vie) faisait peur aux hommes. Les sorcières sont décrites tantôt comme très belles, tantôt comme horribles et ricanantes, capables de voler à travers les airs. À certaines époques, lorsqu'un fléau s'abattait ou que la société était inquiète, on brûlait vives des milliers de femmes que l'on accusait d'avoir conclu un pacte avec le Diable et d'être responsables du mal.

la Sphinge / le Sphinx, p. 28 et p.39

(mythologie grecque ; Béotie)
Dans la région de Thèbes, le Sphinx (ou la Sphinge), au corps de lion, visage et buste de femme et aux ailes de chauve-souris, terrorisait les habitants. Le seul moyen de s'en débarrasser était de résoudre l'énigme que cette créature posait à ceux qui la rencontraient : « Quel est l'être qui marche le matin à quatre pattes, à midi sur deux pieds et le soir sur trois pieds ? » À défaut de trouver la réponse, on était étranglé et dévoré.
Œdipe, en route vers Thèbes, se trouva nez à nez avec la Sphinge, qui lui posa son éternelle énigme. Œdipe réfléchit et répondit: « L'homme. » Le monstre, vaincu, se jeta du haut d'une roche. En effet, au matin de sa vie, l'homme est un bébé qui marche à quatre pattes ; adulte, au midi de sa vie, il est solide sur ses deux pieds, et au soir de sa vie, devenu vieux, il lui faut une canne.

les Titans, p. 30
(mythologie grecque)
À l'origine du monde, il y a Ouranos, le Ciel, et Gaïa, la Terre. Ils engendrent six mâles, les Titans, et six filles, les Titanides, qui s'accouplent entre frères et sœurs, donnant le jour à des êtres monstrueux. Lorsque le Titan Cronos agresse son père, Ouranos, et le châtre, les Titans deviennent maîtres du monde. Cronos dévorait ses propres enfants à leur naissance.
Il faudra attendre que Zeus, son dernier fils, préservé de la mort par sa mère, le renverse, pour que les dieux olympiens, symboles du passage de la barbarie à la civilisation, prennent enfin le pouvoir. Zeus devient alors le maître de l'univers.

les vampires, p. 76
(créatures légendaires d'Europe centrale)
Le vampire est un cadavre qui, n'ayant pu trouver de repos éternel, sort chaque nuit de son tombeau pour aller sucer le sang des vivants. Redoutant la lumière du jour, il doit retourner s'enfermer dans son cercueil avant le lever du soleil. La légende dit qu'il est capable de se transformer en chauve-souris. Le vampire le plus célèbre est le comte Dracula, du roumain *dracul*, qui signifie « dragon ». Il a été immortalisé par le roman de Bram Stoker, *Dracula* (1897).

ISBN : 978-2-07-057769-9
Premier dépôt légal : mai 2007
Dépôt légal : avril 2013
Numéro d'édition : 251 683
Loi n° 49956 du 16 juillet 1949
sur les publications destinées à la jeunesse
Imprimé en Belgique